Jan C

DIE MODERNE PAPA BABY BUCKETLIST

111 UNVERGESSLICHE ERLEBNISSE FÜR COOLE VÄTER

MAGISCHE GEMEINSAME MOMENTE FÜR EINE STARKE VATER-KIND-BEZIEHUNG UND HERZERGREIFENDE ERINNERUNGEN

happy mind books.

Deutschsprachige Erstausgabe Dezember 2023

1. Auflage
ISBN: 978-3-910953-11-6

INHALT

EINLEITUNG

Die ersten Monate der Elternschaft sind eine magische Reise voller Entdeckungen, Liebe und unvergesslicher Momente. In diesem Buch laden wir Väter ein, gemeinsam mit ihren Babys eine Reihe einzigartiger Abenteuer zu erleben, die nicht nur die Bindung vertiefen, sondern auch kostbare Erinnerungen schaffen.

Die frühe Kindheit ist eine Zeit der wichtigen Entfaltung, in der Babys rasante Fortschritte in ihrer Entwicklung machen. Von den ersten zarten Berührungen bis zu den lebhaften Entdeckungen in der Welt um sie herum, prägt jede Erfahrung ihre Wahrnehmung und formt ihre Bindung zu den wichtigsten Menschen in ihrem Leben. Dieses Buch ist eine Hommage an die Väter, die nicht nur Teil dieser prägenden Momente sind, sondern auch bewusst nach Möglichkeiten suchen, diese Momente zu gestalten und zu intensivieren.

Die moderne Papa Baby Bucketlist ist mehr als nur eine Liste von Aktivitäten; sie ist ein Leitfaden für Väter, die sich wünschen, eine aktive Rolle in der Entwicklung ihres Kindes zu spielen. Von achtsamen Ritualen über kreative

Spiele bis hin zu kleinen Abenteuern – jede Idee in diesem Buch wurde sorgfältig ausgewählt, um nicht nur die Sinne der Babys zu stimulieren, sondern auch die Freude und das Lachen zwischen Vater und Kind zu fördern.

Zusätzlich bietet das Buch eine tolle Möglichkeit, die Fortschritte und Wahrnehmungen der Spiele und Aktivitäten direkt im Buch zu dokumentieren und so eine wundervolle Erinnerung zu schaffen. Diese integrierte Tagebuchfunktion macht die Bucketlist nicht nur zu einem inspirierenden Begleiter, sondern auch zu einer wundervollen Erinnerung, die über die Seiten hinausreicht und den gemeinsamen Weg von Vater und Kind festhält. Wir hoffen, dass dieses Buch nicht nur eine Anleitung für unterhaltsame Aktivitäten ist, sondern auch einen Raum für bedeutsame Begegnungen schafft, die die Grundlage für eine lebenslange Reise der Liebe, des Lernens und des gemeinsamen Wachstums bilden.

KAPITEL 1

0-3 MONATE

In den ersten drei Lebensmonaten erleben Babys eine faszinierende Phase der Entwicklung, in der sie rasante Fortschritte in ihren motorischen Fähigkeiten, sensorischen Wahrnehmungen und sozialen Bindungen machen. In dieser zarten Zeit ist es von entscheidender Bedeutung, gezielte und liebevolle Interaktionen zu schaffen, um ihre Sinne zu stimulieren und eine starke emotionale Verbindung aufzubauen.

Während Babys in dieser Periode vor allem visuell auf ihre Umgebung reagieren, erkunden sie auch intensiv ihre taktile Welt. Der Aufbau von Vertrauen und Bindung zwischen Eltern und Neugeborenen ist dabei von grundlegender Bedeutung. Die hier vorgestellten Spielideen sind darauf ausgerichtet, genau diese Entwicklungsbedürfnisse zu unterstützen.

Die zarten Gesten eines Achtsamkeitsrituals schaffen eine harmonische Atmosphäre, während die Babymassage mit Tüchern die taktile Sinneswahrnehmung fördert. Gemeinsame Momente der Poesielesung und musikalischen Symphonie stärken nicht nur die emotionale Bindung, sondern unterstützen auch die auditive Entwicklung. Durch Spiele wie das Baby-Yoga und das Fahrradfahren werden die motorischen Fähigkeiten geschult.

Jede der vorgestellten Spielideen ist darauf ausgerichtet, die natürlichen Entwicklungsschritte der Babys zu fördern. Die visuellen Reize, Berührungen, Klänge und Bewegungen tragen dazu bei, dass Babys ihre Umgebung auf spielerische Weise erforschen können. Diese Kapitel bieten nicht nur Anregungen für kreative Aktivitäten, sondern auch für eine vertiefte Bindung zwischen Eltern und ihren Kleinen. Sie ermutigen dazu, die Welt mit den Augen der Babys zu sehen und durch gezielte Interaktionen eine liebevolle Grundlage für ihre weiteren Entwicklungsschritte zu legen.

1.
ACHTSAMKEITSRITUAL FÜR BABYS

Setz dich mit deinem Baby in einen ruhigen Raum, atmet tief ein und aus, während du sanft seinen Rücken streichelst – fördert die Entspannung bei beiden.

Haben wir gemacht am: ....

Mein Baby ist jetzt so alt: ....

Diese Übung findet mein Baby:

Beschreibe die Reaktionen/Was ist dir sonst aufgefallen?

....

....

....

2.

BABYMASSAGE MIT TÜCHERN

Verwende weiche Tücher, um die Haut deines Babys mit sanftem Streicheln zu massieren – eine sinnliche Erfahrung für die taktilen Sinne.

Haben wir gemacht am: ....

Mein Baby ist jetzt so alt: ....

Diese Übung findet mein Baby:

Beschreibe die Reaktionen/Was ist dir sonst aufgefallen?

....

....

....

3.

BABY-POESIELESUNG

Kreiere kurze, sanfte Gedichte und trag sie deinem Baby vor, während du es rhythmisch wiegst.

Haben wir gemacht am: ....

Mein Baby ist jetzt so alt: ....

Diese Übung findet mein Baby:

Beschreibe die Reaktionen/Was ist dir sonst aufgefallen?

....

....

....

4.
ENTSPANNUNGSBÄLLE

Leg deinem Baby kleine, weiche Bälle in die Hände und lass es spielerisch die Textur und das Gewicht erkunden.

Haben wir gemacht am: ....

Mein Baby ist jetzt so alt: ....

Diese Übung findet mein Baby:

Beschreibe die Reaktionen/Was ist dir sonst aufgefallen?

....

....

....

5.
AQUA-BABY-SPA

Genießt zusammen ein entspannendes, warmes Bad mit schwimmenden, bunten Spielzeugen – eine beruhigende Wassererfahrung.

Haben wir gemacht am: ....

Mein Baby ist jetzt so alt: ....

Diese Übung findet mein Baby:

Beschreibe die Reaktionen/Was ist dir sonst aufgefallen?

....

....

....

6.
REFLEXZONENMASSAGE FÜR BABYS

Lerne sanfte Berührungstechniken, um die Reflexzonen an den Füßen und Händen deines Babys zu stimulieren.

Haben wir gemacht am: ....

Mein Baby ist jetzt so alt: ....

Diese Übung findet mein Baby:

Beschreibe die Reaktionen/Was ist dir sonst aufgefallen?

....

....

....

7.
STOFFTIER-THEATER

Schnapp dir das Lieblingsstofftier deines Babys und erzähl lebendige Geschichten für dein Kind.

Haben wir gemacht am: ....

Mein Baby ist jetzt so alt: ....

Diese Übung findet mein Baby:

Beschreibe die Reaktionen/Was ist dir sonst aufgefallen?

....

....

....

8.
BABYMUSIKSYMPHONIE

Mach dein Baby mit verschiedenen Klängen bekannt, indem du leise auf Gegenstände klopfst oder sanfte Rhythmen auf dem Boden erzeugst.

Haben wir gemacht am: ....

Mein Baby ist jetzt so alt: ....

Diese Übung findet mein Baby:

Beschreibe die Reaktionen/Was ist dir sonst aufgefallen?

....

....

....

9.
KLEINER NACHMACHER

Zieh verschiedene Grimassen und Gesichtsausdrücke und beobachte die Reaktion deines Babys. Bitte nur freundliche und fröhliche Mienen nutzen.

Haben wir gemacht am: ....

Mein Baby ist jetzt so alt: ....

Diese Übung findet mein Baby:

Beschreibe die Reaktionen/Was ist dir sonst aufgefallen?

....

....

....

10.
TRAGE-ABENTEUER IM HAUS

Nutze eine Babytrage, um gemeinsam durchs Haus zu wandern und dabei über verschiedene Gegenstände zu sprechen.

Haben wir gemacht am:..

Mein Baby ist jetzt so alt:...

Diese Übung findet mein Baby:

Beschreibe die Reaktionen/Was ist dir sonst aufgefallen?

....

....

....

11.

SCHWUNGTUCH-SCHAUKELN

Nutze ein leichtes Tuch, um dein Baby sanft durch die Luft zu schwingen – eine spielerische Art der Bewegung, die den Gleichgewichtssinn stärkt.

Haben wir gemacht am: ....

Mein Baby ist jetzt so alt: ....

Diese Übung findet mein Baby:

Beschreibe die Reaktionen/Was ist dir sonst aufgefallen?

....

....

....

12. SCHATTEN-THEATER FÜR BABYS

Erzeuge Schattenbilder an der Wand, indem du einfache Figuren entweder mit deinen Händen formst oder aus Papier ausschneidest und sie mit einer Lichtquelle beleuchtest.

Haben wir gemacht am: ....

Mein Baby ist jetzt so alt: ....

Diese Übung findet mein Baby:

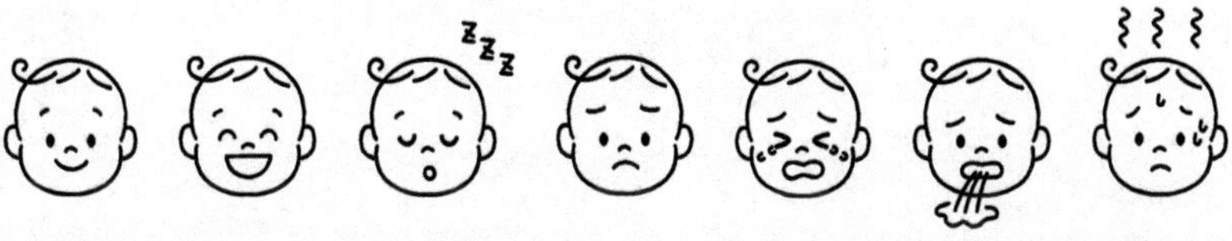

Beschreibe die Reaktionen/Was ist dir sonst aufgefallen?

....

....

....

13.
SPIEGEL-SELBSTENTDECKUNG

Halte einen sicheren Baby-Spiegel vor dein Baby, damit es sich selbst betrachten kann – eine faszinierende Selbstentdeckung.

Haben wir gemacht am: ....

Mein Baby ist jetzt so alt: ....

Diese Übung findet mein Baby:

Beschreibe die Reaktionen/Was ist dir sonst aufgefallen?

....

....

....

14.
KUSCHELZEIT MIT NATURGERÄUSCHEN

Setz dich mit deinem Baby nach draußen und lauscht gemeinsam den natürlichen Geräuschen der Umgebung.

Haben wir gemacht am: ....

Mein Baby ist jetzt so alt: ....

Diese Übung findet mein Baby:

Beschreibe die Reaktionen/Was ist dir sonst aufgefallen?

....

....

....

15.
GEMEINSAMES BLICKSPIEL

Setz dich mit deinem Baby in einen Raum mit verschiedenen visuellen Reizen wie bunten Spielzeugen oder kontrastreichen Bildern und beobachte die Reaktionen.

Haben wir gemacht am: ....

Mein Baby ist jetzt so alt: ....

Diese Übung findet mein Baby:

Beschreibe die Reaktionen/Was ist dir sonst aufgefallen?

....

....

....

16.
BABYS FUSSABDRUCK-KUNST

Tauch die Füße deines Babys in ungiftige Fingerfarben und hinterlass Fußabdrücke auf Papier – eine bleibende Erinnerung an die winzigen Füße.

Haben wir gemacht am: ....

Mein Baby ist jetzt so alt: ....

Diese Übung findet mein Baby:

Beschreibe die Reaktionen/Was ist dir sonst aufgefallen?

....

....

....

17.
TANZPARTY FÜR ZWEI

Tanz sanft mit deinem Baby im Arm zu ruhiger Musik und variiere dabei die Bewegungen, um die sensorische Wahrnehmung zu fördern.

Haben wir gemacht am:..

Mein Baby ist jetzt so alt:..

Diese Übung findet mein Baby:

Beschreibe die Reaktionen/Was ist dir sonst aufgefallen?

....

....

....

18.
MAGISCHES FEDERSPIEL

Nutze weiche Federn und streiche damit vorsichtig über Hände und Füße deines Babys.

Haben wir gemacht am: ....

Mein Baby ist jetzt so alt: ....

Diese Übung findet mein Baby:

Beschreibe die Reaktionen/Was ist dir sonst aufgefallen?

....

....

....

19.
KNISTERNDE ENTDECKUNGSREISE

Platziere verschiedene Gegenstände mit leise knisternden oder raschelnden Geräuschen in der Nähe deines Babys, damit es sie hören kann.

Haben wir gemacht am: ....

Mein Baby ist jetzt so alt: ....

Diese Übung findet mein Baby:

Beschreibe die Reaktionen/Was ist dir sonst aufgefallen?

....

....

....

20.
MOBILE-WIEGENLIED

Bastle ein Mobile mit kleinen Anhängern, die du über dem Bettchen deines Babys aufhängst und sing dabei beruhigende Wiegenlieder.

Haben wir gemacht am: ....

Mein Baby ist jetzt so alt: ....

Diese Übung findet mein Baby:

Beschreibe die Reaktionen/Was ist dir sonst aufgefallen?

....

....

....

21.
SANFTE WASSERWELLEN

Fülle eine flache Schüssel mit warmem Wasser und erzeuge vorsichtig kleine Wellen, während dein Baby seine Händchen ins Wasser taucht.

Haben wir gemacht am: ....

Mein Baby ist jetzt so alt: ....

Diese Übung findet mein Baby:

Beschreibe die Reaktionen/Was ist dir sonst aufgefallen?

....

....

....

22.
BABY-YOGA

Erkunde sanfte Yoga-Übungen, die die motorische Entwicklung deines Babys fördern können.

Haben wir gemacht am: ....

Mein Baby ist jetzt so alt: ....

Diese Übung findet mein Baby:

Beschreibe die Reaktionen/Was ist dir sonst aufgefallen?

....

....

....

23.
LUFTKÜSSE

Puste sanft Luftküsse auf den Bauch, die Hände oder die Füße deines Babys. Die sanfte Berührung und der Luftzug können für das Baby besonders angenehm sein.

Haben wir gemacht am: ....

Mein Baby ist jetzt so alt: ....

Diese Übung findet mein Baby:

Beschreibe die Reaktionen/Was ist dir sonst aufgefallen?

....

....

....

24.
KUSCHELZEIT MIT TEXTUREN

Leg verschiedene Materialien wie Samt, Seide oder Fleece in Reichweite deines Babys und lass es die unterschiedlichen Texturen erfühlen.

Haben wir gemacht am: ....

Mein Baby ist jetzt so alt: ....

Diese Übung findet mein Baby:

Beschreibe die Reaktionen/Was ist dir sonst aufgefallen?

....

....

....

25.
FAHRRADFAHREN

Bewege vorsichtig die Beine deines Babys wie beim Radfahren; das fördert die Beweglichkeit und unterstützt die Verdauung.

Haben wir gemacht am: ....

Mein Baby ist jetzt so alt: ....

Diese Übung findet mein Baby:

Beschreibe die Reaktionen/Was ist dir sonst aufgefallen?

....

....

....

26.
UNSER LIED

Hör mit deinem Baby euer gemeinsames Lieblingslied, das es aus der Schwangerschaft kennt, für eine vertraute und beruhigende Erfahrung.

Haben wir gemacht am: ....

Mein Baby ist jetzt so alt: ....

Diese Übung findet mein Baby:

Beschreibe die Reaktionen/Was ist dir sonst aufgefallen?

....

....

....

27.
REDEN, REDEN, REDEN

Erzähl deinem Baby, was du gerade machst und welche Pläne du für den Tag hast, um es die vertraute Stimme hören zu lassen.

Haben wir gemacht am: ....

Mein Baby ist jetzt so alt: ....

Diese Übung findet mein Baby:

Beschreibe die Reaktionen/Was ist dir sonst aufgefallen?

....

....

....

KAPITEL 2

3-6 MONATE

In den darauffolgenden drei Monaten entfaltet sich vor unseren Augen eine faszinierende Phase der Entwicklung, in der Babys ihre neugewonnenen Fähigkeiten weiter verfeinern und ihre Persönlichkeit zunehmend zum Vorschein kommt. Die Welt um sie herum wird intensiver erkundet, und ihre sozialen Interaktionen nehmen an Tiefe zu. In dieser fortgeschrittenen Phase der Frühkindheit erlangen die gezielte Förderung ihrer Sinne und die Stärkung der emotionalen Bindung zunehmend höhere Priorität.

Während Babys nun bewusster auf visuelle Reize reagieren, eröffnen sich auch neue Möglichkeiten, ihre motorischen Fähigkeiten zu schulen. Gezielte Spiele, die auf die individuellen Entwicklungsstufen abgestimmt sind, bieten nicht nur Unterhaltung, sondern fördern auch die körperliche und kognitive Entwicklung der Kleinen. Die spielerische Interaktion zwischen Vätern und ihren Babys nimmt an Intensität zu und wird zu einer Quelle gemeinsamer Freude und Entdeckung.

Die Aktivitäten für diesen Zeitraum sind sorgfältig darauf abgestimmt, die wachsenden Interessen der Babys aufzugreifen und ihre natürliche Neugier zu fördern. Durch achtsame Rituale, kreative Kunstprojekte und abwechslungsreiche sensorische Erfahrungen wird eine liebevolle Umgebung geschaffen, die die Bindung zwischen Eltern und Kind weiter vertieft. Jeder Augenblick wird zu einer Gelegenheit, die Entwicklungsschritte zu unterstützen und die Welt durch die aufgeweckten Augen der Babys zu sehen.

28. LUFTBALLON-FREUDEN

Befestige leichte, heliumgefüllte Luftballons an einer Schnur und lass sie sanft über das Baby schweben – eine faszinierende visuelle und taktile Erfahrung.

Haben wir gemacht am: ....

Mein Baby ist jetzt so alt: ....

Diese Übung findet mein Baby:

Beschreibe die Reaktionen/Was ist dir sonst aufgefallen?

....

....

....

29.
WOLKENFORMEN RATEN

Beobachtet gemeinsam Wolken am Himmel und erfinde lustige Geschichten über die Formen, die ihr seht.

Haben wir gemacht am: ....

Mein Baby ist jetzt so alt: ....

Diese Übung findet mein Baby:

Beschreibe die Reaktionen/Was ist dir sonst aufgefallen?

....

....

....

30.
FÜHL MAL, WAS DA KRABBELT

Platziere sanft bewegliche Tierfiguren auf dem Bauch deines Babys und lass es die unterschiedlichen Texturen erkunden.

Haben wir gemacht am: ....

Mein Baby ist jetzt so alt: ....

Diese Übung findet mein Baby:

Beschreibe die Reaktionen/Was ist dir sonst aufgefallen?

....

....

....

31.
FARBENFROHES FINGERFARBENFEST

Gestaltet ein farbenfrohes Kunstwerk mit ungiftiger Fingerfarbe, um die kreative Ader deines Babys zu fördern.

Haben wir gemacht am: ....

Mein Baby ist jetzt so alt: ....

Diese Übung findet mein Baby:

Beschreibe die Reaktionen/Was ist dir sonst aufgefallen?

....

....

....

32.
MOBILE-OBSTSCHAUKEL

Hänge leicht duftende Früchte über dem Wickeltisch auf und lass sie langsam hin und her schwingen – eine sensorische Erfahrung für Nase und Augen.

Haben wir gemacht am: ....

Mein Baby ist jetzt so alt: ....

Diese Übung findet mein Baby:

Beschreibe die Reaktionen/Was ist dir sonst aufgefallen?

....

....

....

33.
KNUFFIGE KUSCHELSOCKEN

Zieh bunte, weiche Socken über die Händchen deines Babys und lass es die neuen Sinneseindrücke entdecken.

Haben wir gemacht am: ....

Mein Baby ist jetzt so alt: ....

Diese Übung findet mein Baby:

Beschreibe die Reaktionen/Was ist dir sonst aufgefallen?

....

....

....

34.
LICHTSPIEL-LABYRINTH

Erzeuge mit einer Taschenlampe ein sanftes Lichtspiel auf dem Boden und lass dein Baby versuchen, die Lichtmuster zu greifen.

Haben wir gemacht am: ....

Mein Baby ist jetzt so alt: ....

Diese Übung findet mein Baby:

Beschreibe die Reaktionen/Was ist dir sonst aufgefallen?

....

....

....

35.
KLEINE WASSERWELT

Lass dein Baby vorsichtig und unter Aufsicht in warmes Wasser in einer kleinen Schüssel greifen, um die taktile Wahrnehmung zu fördern.

Haben wir gemacht am:..

Mein Baby ist jetzt so alt:..

Diese Übung findet mein Baby:

Beschreibe die Reaktionen/Was ist dir sonst aufgefallen?

....

....

....

36.
MINI-OBSTBUFFET

Biete kleine, sicher zubereitete Obststücke an, damit dein Baby die unterschiedlichen Aromen und Texturen erkunden kann.

Haben wir gemacht am: ....

Mein Baby ist jetzt so alt: ....

Diese Übung findet mein Baby:

Beschreibe die Reaktionen/Was ist dir sonst aufgefallen?

....

....

....

37.
SEIFENBLASENVERGNÜGEN

Blase sanfte Seifenblasen in die Luft und lass dein Baby versuchen, sie zu fangen oder zu beobachten.

Haben wir gemacht am: ....

Mein Baby ist jetzt so alt: ....

Diese Übung findet mein Baby:

Beschreibe die Reaktionen/Was ist dir sonst aufgefallen?

....

....

....

38.
VERZAUBERTER WALDSPAZIERGANG

Schaffe eine Waldatmosphäre im Raum mit sanften Naturgeräuschen und zarten Blättern – eine entspannende Sinneserfahrung.

Haben wir gemacht am: ....

Mein Baby ist jetzt so alt: ....

Diese Übung findet mein Baby:

Beschreibe die Reaktionen/Was ist dir sonst aufgefallen?

....

....

....

39. SONNENSCHIRM-TANZ

Bewege vorsichtig einen farbenfrohen Sonnenschirm über deinem Baby und schaffe so ein visuell ansprechendes Schattenspiel.

Haben wir gemacht am: ....

Mein Baby ist jetzt so alt: ....

Diese Übung findet mein Baby:

Beschreibe die Reaktionen/Was ist dir sonst aufgefallen?

....

....

....

40.
BABYS FOTOALBUM

Erstelle ein kleines Fotoalbum mit Bildern von Familie und Freunden, damit dein Baby Gesichter kennenlernen kann.

Haben wir gemacht am: ....

Mein Baby ist jetzt so alt: ....

Diese Übung findet mein Baby:

Beschreibe die Reaktionen/Was ist dir sonst aufgefallen?

....

....

....

41.
LEICHTER SEIDENTUCHTANZ

Befestige bunte Chiffontücher an einer Schnur und lass sie über das Baby tanzen – eine leichte und angenehme Berührung.

Haben wir gemacht am: ....

Mein Baby ist jetzt so alt: ....

Diese Übung findet mein Baby:

Beschreibe die Reaktionen/Was ist dir sonst aufgefallen?

....

....

....

42.
MINI-WASSERSPIELE

Fülle eine flache Schüssel mit Wasser und lass dein Baby kleine, schwimmende Spielzeuge entdecken.

Haben wir gemacht am: ....

Mein Baby ist jetzt so alt: ....

Diese Übung findet mein Baby:

Beschreibe die Reaktionen/Was ist dir sonst aufgefallen?

....

....

....

43.
FINGERPUPPEN-ZAUBER

Verwende bunte Fingerpuppen, um lebendige Geschichten zu erzählen und die Fantasie deines Babys zu beflügeln.

Haben wir gemacht am:...

Mein Baby ist jetzt so alt:..

Diese Übung findet mein Baby:

Beschreibe die Reaktionen/Was ist dir sonst aufgefallen?

....

....

....

44.
BLUMENDUFT-GARTEN

Platziere sicher befestigte, duftende Blumen in der Nähe deines Babys, um die verschiedenen Aromen zu erkunden.

Haben wir gemacht am: ....

Mein Baby ist jetzt so alt: ....

Diese Übung findet mein Baby:

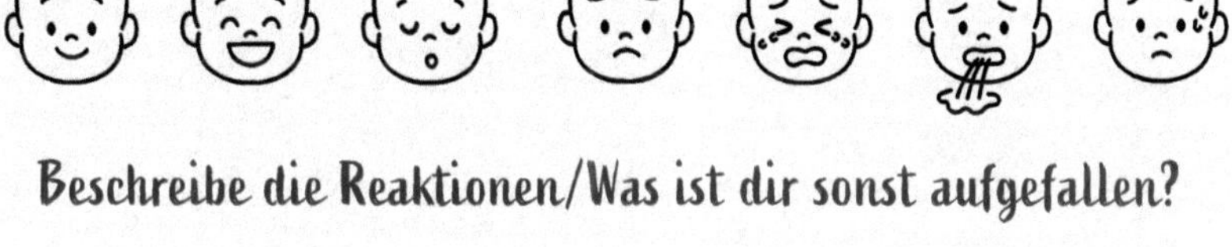

Beschreibe die Reaktionen/Was ist dir sonst aufgefallen?

....

....

....

45.
BAUCH-SCHMATZIS

Gib deinem Baby viele dicke Küsschen auf den nackten Bauch. Variiere die Lautstärke.

Haben wir gemacht am: ....

Mein Baby ist jetzt so alt: ....

Diese Übung findet mein Baby:

Beschreibe die Reaktionen/Was ist dir sonst aufgefallen?

....

....

....

46.
REGENBOGENLICHT-SHOW

Projiziere sanfte Regenbogenlichter an die Wand, um die visuelle Aufmerksamkeit des Kleinen zu fördern.

Haben wir gemacht am: ....

Mein Baby ist jetzt so alt: ....

Diese Übung findet mein Baby:

Beschreibe die Reaktionen/Was ist dir sonst aufgefallen?

....

....

....

47. SPIELZEUGTAUSCH-RALLYE

Biete eine Auswahl sicherer Spielzeuge an und tausche sie während des Spielens aus, um die Neugier zu wecken.

Haben wir gemacht am:..

Mein Baby ist jetzt so alt:..

Diese Übung findet mein Baby:

Beschreibe die Reaktionen/Was ist dir sonst aufgefallen?

....

....

....

48.
KÖRPERTROMMELN

Klopfe mit den Fingerspitzen sanfte Rhythmen auf dem Rücken und den Beinchen deines Babys, um die auditive und motorische Entwicklung zu unterstützen.

Haben wir gemacht am: ....

Mein Baby ist jetzt so alt: ....

Diese Übung findet mein Baby:

Beschreibe die Reaktionen/Was ist dir sonst aufgefallen?

....

....

....

49.
FEDERLEICHTE BAUCHPINSEL

Verwende einen weichen Pinsel, um mit sanften Strichen über den Bauch deines Babys zu fahren – eine angenehme taktile Erfahrung.

Haben wir gemacht am:..

Mein Baby ist jetzt so alt:..

Diese Übung findet mein Baby:

Beschreibe die Reaktionen/Was ist dir sonst aufgefallen?

....

....

....

50.
KUCKUCK

Verstecke dein Gesicht hinter deinen Händen und tauche immer wieder mit „Kuckuck, da bin ich ja" auf und ab.

Haben wir gemacht am: ....

Mein Baby ist jetzt so alt: ....

Diese Übung findet mein Baby:

Beschreibe die Reaktionen/Was ist dir sonst aufgefallen?

....

....

....

51.
TASTBARE NATURKLÄNGE

Bring eine Auswahl von Naturmaterialien ins Zimmer und erzeuge sanfte Klänge, indem du sie berührst.

Haben wir gemacht am: ....

Mein Baby ist jetzt so alt: ....

Diese Übung findet mein Baby:

Beschreibe die Reaktionen/Was ist dir sonst aufgefallen?

....

....

....

52. SCHAUKELNDE HÄNGEMATTE

Schaffe eine sichere, leicht schwingende Hängematte für entspannte Momente und sanftes Wiegen.

Haben wir gemacht am: ....

Mein Baby ist jetzt so alt: ....

Diese Übung findet mein Baby:

Beschreibe die Reaktionen/Was ist dir sonst aufgefallen?

....

....

....

53.
TOILETTENPAPIER-PARTY

Lass dein Baby eine solche Rolle entdecken, indem es sie abrollt, zerfetzt und zerknüllt. Pass auf, dass dein Kind nicht versucht, das Toilettenpapier zu essen.

Haben wir gemacht am: ....

Mein Baby ist jetzt so alt: ....

Diese Übung findet mein Baby:

Beschreibe die Reaktionen/Was ist dir sonst aufgefallen?

....

....

....

54.
FÜHL DICH FREI-TANZPARTY

Tanze gemeinsam mit deinem Baby zu lebhafter Musik und erlebt eine freudige und aktive Zeit zusammen.

Haben wir gemacht am: ....

Mein Baby ist jetzt so alt: ....

Diese Übung findet mein Baby:

Beschreibe die Reaktionen/Was ist dir sonst aufgefallen?

....

....

....

KAPITEL 3

6-9 MONATE

In dieser aufregenden Phase zwischen dem sechsten und neunten Monat entdecken Babys die Welt um sich herum mit zunehmender Neugier und Geschicklichkeit. Es ist eine Zeit, in der ihre motorischen Fähigkeiten weiter gedeihen und ihre soziale Interaktion intensiver wird. Die vorgestellten Aktivitäten in diesem Abschnitt sind sorgfältig konzipiert, so dass sie nicht nur die wachsenden Fähigkeiten des Babys unterstützen, sondern auch die Bindung zwischen Vater und Kind auf spielerische und kreative Weise stärken.

Von farbenfrohen Kriechtunneln über musikalische Spielzeugparaden bis hin zu Festen mit Fingerfarben bieten diese Aktivitäten eine breite Palette an sensorischen Erfahrungen und stimulierenden Momenten. Jede davon ist darauf ausgerichtet, die Entwicklung der Sinne, die motorischen Fertigkeiten und vor allem die besondere Verbindung zwischen Vater und Baby zu fördern. Tauch ein in diese einzigartigen Momente der Entdeckung und des gemeinsamen Spaßes, während du die Entwicklungsreise deines Babys in dieser aufregenden Lebensphase begleitest.

55.
BUNTER KRIECHTUNNEL

Bau einen farbenfrohen Tunnel aus Decken und Kissen, durch den dein Baby krabbeln kann – eine spielerische Erkundung für die motorische Entwicklung.

Haben wir gemacht am:..

Mein Baby ist jetzt so alt:..

Diese Übung findet mein Baby:

Beschreibe die Reaktionen/Was ist dir sonst aufgefallen?

....

....

....

56.
MUSIKALISCHE SPIELZEUGPARADE

Organisiere eine kleine Parade mit musikalischen Spielzeugen und lass dein Baby die Klänge entdecken, während es auf einem weichen Teppich sitzt.

Haben wir gemacht am: ....

Mein Baby ist jetzt so alt: ....

Diese Übung findet mein Baby:

Beschreibe die Reaktionen/Was ist dir sonst aufgefallen?

....

....

....

57.
ESSBARES JOGHURT-FEST

Decke den Tisch und dein Baby ab und fülle den Joghurt in eine geeignete Schale. Nun lass dein Baby kreativ mit dem Joghurt und den Fingern malen und schmecken.

Haben wir gemacht am: ....

Mein Baby ist jetzt so alt: ....

Diese Übung findet mein Baby:

Beschreibe die Reaktionen/Was ist dir sonst aufgefallen?

....

....

....

58. KLANGERLEBNIS MIT ALLTAGSGEGENSTÄNDEN

Nutze sichere Alltagsgegenstände wie Löffel, Becher und Schachteln, um sanfte Klänge zu erzeugen und die auditive Entwicklung zu fördern.

Haben wir gemacht am: ....

Mein Baby ist jetzt so alt: ....

Diese Übung findet mein Baby:

Beschreibe die Reaktionen/Was ist dir sonst aufgefallen?

....

....

....

59.
ENTDECKUNG VON ROLLENDEN FORMEN

Biete farbenfrohe, sichere Spielzeugformen an und lass sie über den Boden rollen, während dein Baby versucht, sie zu greifen.

Haben wir gemacht am:..

Mein Baby ist jetzt so alt:..

Diese Übung findet mein Baby:

Beschreibe die Reaktionen/Was ist dir sonst aufgefallen?

....

....

....

60. ENTDECKER-SANDKASTEN

Bau einen kleinen Sandkasten mit weichem Sand und sicheren Spielzeugen, damit dein Baby die unterschiedlichen Texturen spüren kann.

Haben wir gemacht am: ....

Mein Baby ist jetzt so alt: ....

Diese Übung findet mein Baby:

Beschreibe die Reaktionen/Was ist dir sonst aufgefallen?

....

....

....

61.
BABYS ERSTES KUNSTWERK

Lass dein Baby mit weichen Pinseln und ungiftiger Farbe auf Papier malen – eine kreative Möglichkeit, die Feinmotorik zu fördern.

Haben wir gemacht am: ....

Mein Baby ist jetzt so alt: ....

Diese Übung findet mein Baby:

Beschreibe die Reaktionen/Was ist dir sonst aufgefallen?

....

....

....

62.
SPIEGLEIN, SPIEGLEIN

Befestige kleine, sichere Spiegel an verschiedenen Stellen, um die visuelle Wahrnehmung zu stärken und gemeinsam Gesichter zu entdecken.

Haben wir gemacht am: ....

Mein Baby ist jetzt so alt: ....

Diese Übung findet mein Baby:

Beschreibe die Reaktionen/Was ist dir sonst aufgefallen?

....

....

....

63.
BABYS GARTENERKUNDUNG

Leg einen kleinen Indoor-Garten an mit sicher befestigten, echten (ungiftigen) Pflanzen und lass dein Baby vorsichtig die Blätter berühren.

Haben wir gemacht am: ....

Mein Baby ist jetzt so alt: ....

Diese Übung findet mein Baby:

Beschreibe die Reaktionen/Was ist dir sonst aufgefallen?

....

....

....

64. KLEINES RASSEL-ORCHESTER

Sammle verschiedene sichere Rasseln und lass dein Baby seine eigene kleine Orchester-Session leiten.

Haben wir gemacht am: ....

Mein Baby ist jetzt so alt: ....

Diese Übung findet mein Baby:

Beschreibe die Reaktionen/Was ist dir sonst aufgefallen?

....

....

....

65.
GESCHICHTEN MIT BUNTEN TÜCHERN

Erzähl einfache Geschichten, während du bunte Tücher in verschiedenen Formen bewegst, um die Aufmerksamkeit deines Babys zu fesseln.

Haben wir gemacht am: ....

Mein Baby ist jetzt so alt: ....

Diese Übung findet mein Baby:

Beschreibe die Reaktionen/Was ist dir sonst aufgefallen?

....

....

....

66. SCHWIMMENDE BADEPARTY

Organisiere eine lustige Badeparty mit schwimmenden Badespielzeugen und spritzendem Wasser – eine fröhliche Wassererfahrung.

Haben wir gemacht am: ....

Mein Baby ist jetzt so alt: ....

Diese Übung findet mein Baby:

Beschreibe die Reaktionen/Was ist dir sonst aufgefallen?

....

....

....

67.
FARBENFROHE SENSORIK-MATTE

Kreiere eine Sensorik-Matte mit unterschiedlichen Texturen und Farben, auf der dein Baby seine Hände und Füße erkunden kann.

Haben wir gemacht am: ....

Mein Baby ist jetzt so alt: ....

Diese Übung findet mein Baby:

Beschreibe die Reaktionen/Was ist dir sonst aufgefallen?

....

....

....

68.
PAPIERFLIEGER-WETTBEWERB

Bastle sichere Papierflieger und lass sie sanft über den Boden gleiten, während dein Baby versucht, ihnen zu folgen.

Haben wir gemacht am: ....

Mein Baby ist jetzt so alt: ....

Diese Übung findet mein Baby:

Beschreibe die Reaktionen/Was ist dir sonst aufgefallen?

....

....

....

69.
BABYS ERSTE SCHATZSUCHE

Verstecke sichere Spielzeuge in einer weichen Decke und lass dein Baby auf Entdeckungstour gehen, um die verborgenen Schätze zu finden.

Haben wir gemacht am:...

Mein Baby ist jetzt so alt:...

Diese Übung findet mein Baby:

Beschreibe die Reaktionen/Was ist dir sonst aufgefallen?

....

....

....

70. KLEINE YOGA-ENTDECKUNGSREISE

Probiert gemeinsam kinderfreundliche Yoga-Übungen aus, um die Beweglichkeit zu fördern.

Haben wir gemacht am: ....

Mein Baby ist jetzt so alt: ....

Diese Übung findet mein Baby:

Beschreibe die Reaktionen/Was ist dir sonst aufgefallen?

....

....

....

71.
SPIELZEUG-ANGELN

Befestige sichere Spielzeuge an einer Schnur und lass dein Baby versuchen, sie mit den Händen zu „angeln" – eine koordinative Herausforderung.

Haben wir gemacht am: ....

Mein Baby ist jetzt so alt: ....

Diese Übung findet mein Baby:

Beschreibe die Reaktionen/Was ist dir sonst aufgefallen?

....

....

....

72.
KLEINE PFLANZENPFLEGE

Lass dein Baby sichere Zimmerpflanzen berühren und beobachten, wie sie auf sanfte Berührungen reagieren.

Haben wir gemacht am: ....

Mein Baby ist jetzt so alt: ....

Diese Übung findet mein Baby:

Beschreibe die Reaktionen/Was ist dir sonst aufgefallen?

....

....

....

73.
PUSTEBLUMEN-SPASS

Blas vorsichtig auf ein paar Pusteblumen und lass die fliegenden Samen von deinem Baby verfolgen.

Haben wir gemacht am: ....

Mein Baby ist jetzt so alt: ....

Diese Übung findet mein Baby:

Beschreibe die Reaktionen/Was ist dir sonst aufgefallen?

....

....

....

74.
EINRÄUMEN, AUSRÄUMEN

Stell genügend Material wie Holzbausteine, kleine Becher, Löffel etc. bereit und lasse dein Kind die Dinge in eine Kiste ein- und ausräumen.

Haben wir gemacht am: ....

Mein Baby ist jetzt so alt: ....

Diese Übung findet mein Baby:

Beschreibe die Reaktionen/Was ist dir sonst aufgefallen?

....

....

....

75.
BABYS BEWEGUNGS-PARCOURS

Bau einen sicheren Bewegungs-Parcours aus Kissen und Decken, durch den dein Baby krabbeln oder robben kann.

Haben wir gemacht am: ....

Mein Baby ist jetzt so alt: ....

Diese Übung findet mein Baby:

Beschreibe die Reaktionen/Was ist dir sonst aufgefallen?

....

....

....

76.
HANDSTEMPEL

Bemale die Hand deines Kindes mit ungiftigen Wasserfarben und lasse dein Baby selbstständig auf Papier patschen.

Haben wir gemacht am: ....

Mein Baby ist jetzt so alt: ....

Diese Übung findet mein Baby:

Beschreibe die Reaktionen/Was ist dir sonst aufgefallen?

....

....

....

77.
FARBEXPLOSION MIT EISWÜRFELFARBEN

Färbe Wasser in Eiswürfelformen mit sicheren Lebensmittelfarben und lasse dein Baby mit den bunten Eiswürfeln spielen.

Haben wir gemacht am: ....

Mein Baby ist jetzt so alt: ....

Diese Übung findet mein Baby:

Beschreibe die Reaktionen/Was ist dir sonst aufgefallen?

....

....

....

78.
GEFÜHRTE BABYZEICHNUNG

Halte einen sicheren Stift oder Kreide in der Hand deines Babys und führe es beim Zeichnen einfacher Linien auf Papier.

Haben wir gemacht am: ....

Mein Baby ist jetzt so alt: ....

Diese Übung findet mein Baby:

Beschreibe die Reaktionen/Was ist dir sonst aufgefallen?

....

....

....

79.
KLEINE WISSENSCHAFTSSTATION

Erlebt gemeinsam einfache wissenschaftliche Experimente wie das Mischen von Farben oder das Beobachten von schäumenden Reaktionen.

Haben wir gemacht am: ....

Mein Baby ist jetzt so alt: ....

Diese Übung findet mein Baby:

Beschreibe die Reaktionen/Was ist dir sonst aufgefallen?

....

....

....

80.
SCHAUKELABENTEUER

Nutze eine sichere Babyschaukel, um dein Baby sanft hin und her zu schaukeln und dabei leichte Klänge zu erzeugen.

Haben wir gemacht am: ....

Mein Baby ist jetzt so alt: ....

Diese Übung findet mein Baby:

Beschreibe die Reaktionen/Was ist dir sonst aufgefallen?

....

....

....

81.
KNUDDELIGER STOFFTIER-TREFFPUNKT

Richte einen kuscheligen Platz mit sicheren Stofftieren ein, an dem dein Baby entspannen und mit den weichen Freunden spielen kann.

Haben wir gemacht am: ....

Mein Baby ist jetzt so alt: ....

Diese Übung findet mein Baby:

Beschreibe die Reaktionen/Was ist dir sonst aufgefallen?

....

....

....

KAPITEL 4

9-12 MONATE

In der aufregenden Phase zwischen dem neunten und zwölften Monat erreichen Babys einen neuen Meilenstein ihrer Entwicklung. Sie werden zunehmend mobil, neugierig und beginnen aktiv ihre Umgebung zu erkunden. Die vorgestellten Aktivitäten in diesem Abschnitt sind liebevoll darauf ausgerichtet, nicht nur die wachsenden Fähigkeiten des Babys zu unterstützen, sondern auch die Bindung zwischen Vater und Kind auf spielerische und kreative Weise zu intensivieren. Von Bauklötze-Burgen-Abenteuern über bunte Fingerabdruck-Kunstwerke bis hin zu kleinen Kochmeister-Erfahrungen bieten diese Aktivitäten eine breite Palette an sensorischen Erfahrungen und gemeinsamen Momenten der Freude. Jede Aktivität zielt darauf ab, die Sinne sowie die Feinmotorik des Babys in ihrer Entwicklung weiter zu fördern. Tauch ein in diese einzigartigen Erlebnisse und schaffe unvergessliche Momente der Freude und Entdeckung mit deinem Baby in dieser spannenden Lebensphase.

82.
BAUKLÖTZE-BURGEN-ABENTEUER

Errichtet gemeinsam beeindruckende Türme und Burgen aus großen Bauklötzen und erlebt ein fantasievolles Spiel voller Kreativität.

Haben wir gemacht am: ....

Mein Baby ist jetzt so alt: ....

Diese Übung findet mein Baby:

Beschreibe die Reaktionen/Was ist dir sonst aufgefallen?

....

....

....

83. PUPPEN-THEATER-SHOW:

Inszeniert eine kleine Puppen-Theater-Show mit weichen Puppen und erweckt gemeinsam liebevolle Charaktere zum Leben.

Haben wir gemacht am: ....

Mein Baby ist jetzt so alt: ....

Diese Übung findet mein Baby:

Beschreibe die Reaktionen/Was ist dir sonst aufgefallen?

....

....

....

84.
BUNTE FINGERABDRUCK-KUNSTWERKE

Verwandelt eure Fingerabdrücke in farbenfrohe Kunstwerke und schafft dabei bleibende Erinnerungen.

Haben wir gemacht am: ....

Mein Baby ist jetzt so alt: ....

Diese Übung findet mein Baby:

Beschreibe die Reaktionen/Was ist dir sonst aufgefallen?

....

....

....

85.
MAGNETISCHE ZÄHLSPIELE

Nutzt bunte, kindersichere Magnete und erstellt zusammen einfache Zählspiele auf dem Kühlschrank.

Haben wir gemacht am:..

Mein Baby ist jetzt so alt:..

Diese Übung findet mein Baby:

Beschreibe die Reaktionen/Was ist dir sonst aufgefallen?

....

....

....

86.
KLEINER KOCHMEISTER

Kreiert gemeinsam einfache, kinderfreundliche Rezepte in der Mini-Küche und fördert die kulinarische Neugier eures Babys.

Haben wir gemacht am: ....

Mein Baby ist jetzt so alt: ....

Diese Übung findet mein Baby:

Beschreibe die Reaktionen/Was ist dir sonst aufgefallen?

....

....

....

87.
BUNTE SCHAUMBAD-KUNST

Lasst das Badewasser zu einem farbenfrohen Abenteuer werden, indem ihr sichere Lebensmittelfarben ins Wasser gebt und gemeinsam malt.

Haben wir gemacht am: ....

Mein Baby ist jetzt so alt: ....

Diese Übung findet mein Baby:

Beschreibe die Reaktionen/Was ist dir sonst aufgefallen?

....

....

....

88.
KLEINE GÄRTNER-EXPEDITION

Schaff einen Mini-Garten mit sicheren Zimmerpflanzen, die dein Baby vorsichtig gießen und pflegen kann.

Haben wir gemacht am: ....

Mein Baby ist jetzt so alt: ....

Diese Übung findet mein Baby:

Beschreibe die Reaktionen/Was ist dir sonst aufgefallen?

....

....

....

89.
ENTDECKUNGSREISE DURCH TEXTILIEN

Stell eine Auswahl verschiedener Stoffe bereit und lass dein Baby die unterschiedlichen Texturen erfühlen und erkunden.

Haben wir gemacht am: ....

Mein Baby ist jetzt so alt: ....

Diese Übung findet mein Baby:

Beschreibe die Reaktionen/Was ist dir sonst aufgefallen?

....

....

....

90.
KLEINE KLANGKÜNSTLER-BAND

Sammelt sichere Musikinstrumente und gründet gemeinsam eine kleine Klangkünstler-Band für fröhliche Rhythmen.

Haben wir gemacht am: ....

Mein Baby ist jetzt so alt: ....

Diese Übung findet mein Baby:

Beschreibe die Reaktionen/Was ist dir sonst aufgefallen?

....

....

....

91.
FARBEXPLOSION MIT WASSERBOMBEN

Nutzt sichere, bunte Wasserbomben, um eine spielerische Farbexplosion im Garten zu erleben.

Haben wir gemacht am:..

Mein Baby ist jetzt so alt:..

Diese Übung findet mein Baby:

Beschreibe die Reaktionen/Was ist dir sonst aufgefallen?

....

....

....

92. SICHERER DIY-SANDKASTEN

Bau einen sicheren Sandkasten in eurem Garten, in dem dein Baby die Freuden des Sandspielens entdecken kann.

Haben wir gemacht am: ....

Mein Baby ist jetzt so alt: ....

Diese Übung findet mein Baby:

Beschreibe die Reaktionen/Was ist dir sonst aufgefallen?

....

....

....

93.
SPIELERISCHE ZAHLENJAGD

Versteckt nummerierte Spielzeugteile im Raum und geht gemeinsam auf eine spielerische Zahlenjagd.

Haben wir gemacht am: ....

Mein Baby ist jetzt so alt: ....

Diese Übung findet mein Baby:

Beschreibe die Reaktionen/Was ist dir sonst aufgefallen?

....

....

....

94. LUSTIGE SCHNULLER-SCHNITZELJAGD

Organisiert eine Schnuller-Schnitzeljagd im Haus und entdeckt gemeinsam, wo die versteckten Schnuller zu finden sind.

Haben wir gemacht am: ....

Mein Baby ist jetzt so alt: ....

Diese Übung findet mein Baby:

Beschreibe die Reaktionen/Was ist dir sonst aufgefallen?

....

....

....

95.
BABYS ERSTER GEMÜSEGARTEN

Pflanzt gemeinsam kinderfreundliches Gemüse in Töpfen an und beobachtet, wie es wächst.

Haben wir gemacht am: ....

Mein Baby ist jetzt so alt: ....

Diese Übung findet mein Baby:

Beschreibe die Reaktionen/Was ist dir sonst aufgefallen?

....

....

....

96.
TAUZIEHEN

Schnappt euch ein Geschirrtuch und spielt eine Runde tauziehen. Du wirst sehen, wie stark dein kleiner Schatz schon ist. Bitte aufpassen, dass das Baby sich nicht verletzt.

Haben wir gemacht am: ....

Mein Baby ist jetzt so alt: ....

Diese Übung findet mein Baby:

Beschreibe die Reaktionen/Was ist dir sonst aufgefallen?

....

....

....

97.
KLEINE KÜNSTLER-MALPARTY

Veranstaltet eine kleine Malparty mit sicheren Fingerfarben und großen Blättern Papier für gemeinsame Kunstwerke.

Haben wir gemacht am: ....

Mein Baby ist jetzt so alt: ....

Diese Übung findet mein Baby:

Beschreibe die Reaktionen/Was ist dir sonst aufgefallen?

....

....

....

98.
KLEINKIND-YOGA-ABENTEUER

Probiert sanfte Yoga-Übungen aus, die speziell für Kleinkinder geeignet sind, um Beweglichkeit und Entspannung zu fördern.

Haben wir gemacht am: ....

Mein Baby ist jetzt so alt: ....

Diese Übung findet mein Baby:

Beschreibe die Reaktionen/Was ist dir sonst aufgefallen?

....

....

....

99. KREATIVER PUZZLE-SPASS

Stell altersgerechte Puzzles bereit und genießt die gemeinsame Zeit beim Zusammenfügen der bunten Teile.

Haben wir gemacht am: ....

Mein Baby ist jetzt so alt: ....

Diese Übung findet mein Baby:

Beschreibe die Reaktionen/Was ist dir sonst aufgefallen?

....

....

....

100. ROLLENDE BALANCIER-CHALLENGE

Nutze sichere Rollenspielzeugautos und erstell eine Balancierstrecke, die dein Baby durchrollen kann.

Haben wir gemacht am: ....

Mein Baby ist jetzt so alt: ....

Diese Übung findet mein Baby:

Beschreibe die Reaktionen/Was ist dir sonst aufgefallen?

....

....

....

101.
BABY-BIBLIOTHEKS-ZEITREISE

Taucht in eine Zeitreise mit altersgerechten Bilderbüchern ein und erlebt gemeinsam fantastische Geschichten.

Haben wir gemacht am: ....

Mein Baby ist jetzt so alt: ....

Diese Übung findet mein Baby:

Beschreibe die Reaktionen/Was ist dir sonst aufgefallen?

....

....

....

102.
SICHERES BÄLLEBAD-VERGNÜGEN

Gestalte einen sicheren Bereich mit weichen Bällen für ein fröhliches Bällebad-Vergnügen im Wohnzimmer.

Haben wir gemacht am: ....

Mein Baby ist jetzt so alt: ....

Diese Übung findet mein Baby:

Beschreibe die Reaktionen/Was ist dir sonst aufgefallen?

....

....

....

103.
BABY-FOTOKÜNSTLER

Lass dein Baby mit sicheren Fotografien experimentieren und erlebt gemeinsam einen kreativen Fotokünstler-Moment.

Haben wir gemacht am: ....

Mein Baby ist jetzt so alt: ....

Diese Übung findet mein Baby:

Beschreibe die Reaktionen/Was ist dir sonst aufgefallen?

....

....

....

104.
BABY-FUSSBALL

Halt dein Baby fest und lasse es nach einem weichen Ball treten.
Das stärkt die Muskeln und schult die Motorik.

Haben wir gemacht am: ....

Mein Baby ist jetzt so alt: ....

Diese Übung findet mein Baby:

Beschreibe die Reaktionen/Was ist dir sonst aufgefallen?

....

....

....

105. MINI-WISSENSCHAFTS-LABOR

Erkundet gemeinsam einfache Wissenschaftsexperimente, die für Kleinkinder geeignet sind und staunt über kleine Entdeckungen und faszinierende Phänomene.

Haben wir gemacht am: ....

Mein Baby ist jetzt so alt: ....

Diese Übung findet mein Baby:

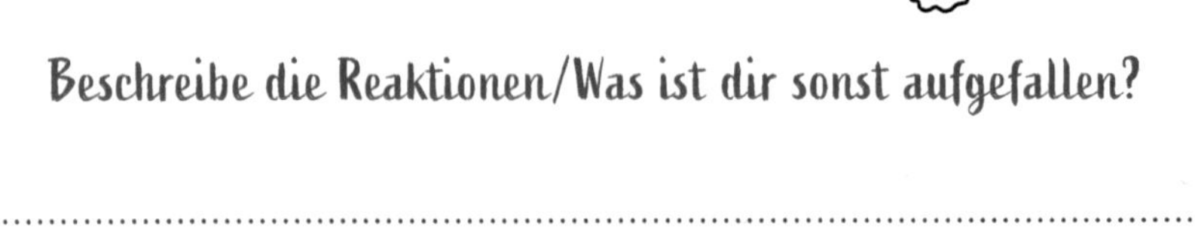

Beschreibe die Reaktionen/Was ist dir sonst aufgefallen?

....

....

....

106.
BUNTE KNETKREATIONEN

Verwandelt das Wohnzimmer in ein sicheres Knetparadies und schafft gemeinsam bunte Formen und Figuren.

Haben wir gemacht am: ....

Mein Baby ist jetzt so alt: ....

Diese Übung findet mein Baby:

Beschreibe die Reaktionen/Was ist dir sonst aufgefallen?

....

....

....

107. KLEINE BAUERNHOF-ERKUNDUNG

Baut einen kleinen Bauernhof mit Tierfiguren auf und erlebt gemeinsam die Welt der Tiere und ihrer Geräusche.

Haben wir gemacht am: ....

Mein Baby ist jetzt so alt: ....

Diese Übung findet mein Baby:

Beschreibe die Reaktionen/Was ist dir sonst aufgefallen?

....

....

....

108. GEMÜTLICHE LESEECKE

Gestalte eine gemütliche Leseecke mit weichen Kissen und Büchern, um gemeinsam in fantasievolle Geschichten einzutauchen.

Haben wir gemacht am: ....

Mein Baby ist jetzt so alt: ....

Diese Übung findet mein Baby:

Beschreibe die Reaktionen/Was ist dir sonst aufgefallen?

....

....

....

109.
BABYS ERSTER FARBENTANZ

Gestaltet eine sichere Tanzfläche im Wohnzimmer und erkundet gemeinsam lustige Bewegungen zu fröhlicher Musik

Haben wir gemacht am: ....

Mein Baby ist jetzt so alt: ....

Diese Übung findet mein Baby:

Beschreibe die Reaktionen/Was ist dir sonst aufgefallen?

....

....

....

110. LUSTIGES VERSTECKSPIEL

Genießt ein unterhaltsames Versteckspiel im Haus, bei dem Sicherheit, Lachen und Entdecken im Vordergrund stehen.

Haben wir gemacht am: ....

Mein Baby ist jetzt so alt: ....

Diese Übung findet mein Baby:

Beschreibe die Reaktionen/Was ist dir sonst aufgefallen?

....

....

....

111.
KLEINE ARCHITEKTEN-BAUSTELLE

Leg eine kleine Baustelle aus sicheren Materialien an und lass dein Baby spielerisch die Welt des Bauens erkunden.

Haben wir gemacht am:..

Mein Baby ist jetzt so alt:..

Diese Übung findet mein Baby:

Beschreibe die Reaktionen/Was ist dir sonst aufgefallen?

....

....

....

SCHLUSSWORT

Bei der herzerwärmenden Expedition der „Papa-Baby-Bucketlist“ haben wir gemeinsam die Schönheit von 111 unvergesslichen Aktivitäten erkundet, die nicht nur Väter und ihre Babys miteinander verbinden, sondern eine Sammlung kostbarer Augenblicke schaffen. Diese Bucketlist ist weit mehr als eine Liste von Unternehmungen; sie ist eine Liebeserklärung, ein Versprechen, dass das Band zwischen Vater und Kind nicht nur durch Worte, sondern durch geteiltes Lächeln, kindliches Lachen und liebevolle Umarmungen gestärkt wird. Diese gemeinsame Reise hat gerade erst begonnen.

Jede Aktivität ist ein kleines Abenteuer, das nicht nur die Neugier der Kleinen weckt, sondern auch das Herz der Väter berührt. Es sind die Momente des gemeinsamen Lachens, die freudigen Entdeckungen und die stillen Augenblicke der Nähe, die dieses Buch zu etwas Besonderem machen.

Mögen die Erinnerungen an diese erlebnisreichen Unternehmungen ein fester Bestandteil eurer Familiengeschichte werden und euch in schwierigen Zeiten stets an die Liebe und Freude erinnern, die zwischen Vater und Kind gewachsen ist.

happy mind books.

Deutschsprachige Erstausgabe Dezember 2023

happy mind books.
Projektleitung, Covergestaltung und Satz: Wolkenart – Marie-Katharina Becker, www.wolkenart.com
Bildrechte: ©Shutterstock.com

1. Auflage
ISBN: 978-3-910953-11-6

DIESES BUCH GEHÖRT:

PAPA: ....

&

....

happy
mind
books.

Wichtiger Hinweis zur Sicherheit!

Die Sicherheit deines Babys hat oberste Priorität. Bitte beachte, dass die Fähigkeiten und Entwicklungsstufen jedes Kindes individuell sind.

Es liegt in der Verantwortung der Eltern, die Machbarkeit der in diesem Buch vorgestellten Spiele und Aktivitäten im Hinblick auf den jeweilige Entwicklungsstand ihres Babys selbst einzuschätzen. Die Altersangaben sind lediglich Richtwerte.
Sei stets aufmerksam und passe die Aktivitäten entsprechend an, um eine sichere und liebevolle Umgebung für dein Kind zu gewährleisten.

Im Zweifelsfall konsultiere bitte einen Kinderarzt oder einen Experten für frühkindliche Entwicklung. Dein Engagement für die Sicherheit und das Wohlbefinden deines Babys schafft die Grundlage für gemeinsame, unvergessliche Erlebnisse.